ایلیا و یلدا

ILYA VA YALDA

ILYA VA YALDA
Subject: Children's Books
Author: Nooshan Ashtari
Illustrator: Behnoosh Ashtari

First Edition: 2025

ایلیا و یلدا
موضوع: ادبیات فارسی کودکان
نویسنده: نوشان اشتری
تصویرگر: بهنوش اشتری
چاپ نخست: ۱۴۰۳ خورشیدی - ۲۰۲۵ میلادی

The Library of Congress Cataloging-in-publishing Data is available upon request.

978-1-59584-846-8
Ketab Corporation:
12701 Van Nuys Blvd., Suite H,
Pacoima, CA, 91331, USA
www.ketab.com

1 2 3 4 5 6 7 8 25

Taghdim be bachehāye Irāni kharej az keshvar

تقدیم به بچه‌های ایرانی خارج از کشور

Letter	**حرف/صدا**	**Finglish Example**	**نمونه فارسی**	**English Translation**
Ā ā	**آ/ ع**	**Anār**	**انار**	**Pomegranate**
A a	**اَ ـَ**	**Az**	**از**	**From**
E e	**اِ ـِ**	**Esm**	**اسم**	**Name**
I i	**ای یٓ**	**Zibā**	**زیبا**	**Pretty**
O o	**اُ ـُ**	**Bozorg**	**بزرگ**	**Big**
U u	**او وٓ**	**Ruz**	**روز**	**Day**

Letter	z	Finglish	نمونه فارسی	English
B b	ب بـ	Bãz	باز	Open
P p	پ پـ	Patu	پتو	Blanket
T t	ت تـ / ط ط	To	تو	You
S s	س سـ / ث ثـ / ص صـ	Sãl	سال	Year
J j	ج جـ	Javãb	جواب	Answer
Ch ch	چ چـ	Cheshm	چشم	Eye
H h	ح حـ / ه هـ	Havã	هوا	Weather
Kh kh	خ خـ	Khub	خوب	Good
D d	د ـد	Dar	در	Door/in
Z z	ذ ـذ / ز ـز / ظ ظ / ض ضـ	Zir	زیر	Under
R r	ر ـر	Ruz	روز	Day
Zh zh	ژ ـژ	Vijeh	ویژه	Special
Sh sh	ش شـ	Shab	شب	Night

Gh gh	غ غـ/ ق قـ	Ghazã	غذا	Food
F f	ف فـ	Farsi	فارسی	Farsi
K k	ک کـ	Ketãb	کتاب	Book
G g	گ گـ	Garm	گرم	Warm
L l	ل لـ	Lebãs	لباس	Clothes
M m	م مـ	Mã	ما	We
N n	ن نـ	Nãm	نام	Name
V v	و ـو	Va	و	And
Y y	ی یـ	Yek	یک	One

Yek ruz Ilya khãbide bud ke
yeho az sedãhãye ajibi ke tu
otãghesh miumad bidãr shod!

یک روز ایلیا خوابیده بود که
یهو از صداهای عجیبی که تو
اتاقش میومد بیدار شد!

ایلیا چشماشو باز کرد، پتو رو خیلی آروم کنار کشید و
دو موجود عجیب رو دید که داشتن با هم حرف می‌زدند.انقدر
ترسیده بود که دوباره زیر پتو پنهان شد تا پیداش نکنند.
بعد از چند دقیقه، آروم پتو رو کنار کشید و دید که یک انار و
هندوانه تو اتاقش راه میرند ایلیا با دقت گوش داد تا بفهمه
چی دارن میگن.

Ilya cheshmãsho bãz kard, patu ro kheili arum kenãr keshid va do mojude ajib ro did ke dãshtand bã ham harf mizadand.
Enghadr tarside bud ke dobãre zir e patu penhãn shod ta peidãsh nakonand.
Bad az chand daghighe, ãrum patu ro kenãr keshid va did ke yek anãr va hendune tu otãghesh rãh mirand. Ilya bã deghat gush dãd tã befahme chi daran migan.

هندوانه گفت: "باید
بیدارش کنیم، امشب
جشن داریم."
Hendune goft: “Bayad
bidãresh konim, emshab
jashn dãrim.”

انار هم هیجان زده گفت: "آره،
خیلی خوشحال میشه که بدونه
ما امشب چی جشن میگیریم."

Anãr ham hayajãn zade goft: "Ãre, kheili khoshhãl mishe ke bedune mã emshab chi jashn migirim."

حالا که ایلیا فهمید خطرناک نیستن، بیشتر دلش میخواست بدونه دارن درباره چی حرف میزنن. بلند شد و گفت:

Hãlã ke Ilya fahmid khatarnãk nistan, bishtar delesh mikhãst bedune ke dãran darbãre chi harf mizanan. Boland shod va goft:

سلام، شما کی هستید؟
اینجا چیکار می‌کنین؟

“Salãm, shomã ki hastid?
Injã chikãr mikonin?”

اول انار جواب داد: "سلام ایلیا، من خانم انار هستم و این آقای هندوانه. ما دوستان جدید تو هستیم. میخوایم بهت درباره شب یلدا بگیم."

Aval anãr javãb dad: “Salãm Ilya, man khãnume Anãr hastam va in ãghaye Hendune. Mã dustãne jadid to hastim. Mikhãym behet darbãre shabe Yalda begim.”

آقای هندوانه نقشه
منظومه شمسی را بیرون
آورد و گفت:

Ãghaye Hendune naghshe manzume shamsi ro birun ãvord va goft:

"اینجا رو نگاه کن. این سیاره کوچک ما، زمین، و این خورشید بزرگ ماست."

"Injã ro negãh kon, in sayãre kuchake mã, Zamin, va in khorshid bozorg mãst."

خانم انار به نقشه اشاره کرد و گفت: "هر سال
روز سی ام آذر یا ۲۱ دسامبر نیمی از زمین در
دورترین نقطه از خورشید قرار می گیره."

Khãnume Anãr goft: “Har sãl ruz siom Ãzar yã
bisto yek December nimi az zamin dar
durtarin noghte az khorshid gharãr migire.”

"پس اون روز کمتر نور خورشید به زمین
میرسه، روز کمی کوتاه تر و شب کمی
طولانی‌تر از روزها و شبهای دیگه سال میشه."

“Pas un ruz kamtar nur khorshid be zamin mirese. Ruz kami kutãh tar va shab kami tulãni tar mishe.”

خانم انار و آقای هندوانه با هیجان گفتند: "خانواده های ایرانی دور هم جمع میشن تا جشن بگیرن، حرف بزنن، بخندن، هندوانه و انار و آجیل بخورن و تا نیمه های شب شعر و داستان فارسی حافظ و شاهنامه بخونن."

Khãnume Anãr va ãghaye Hendune bã hayajãn goftand: "Khãnevãdehãye Irani dore ham jam mishan tã bolandtarin shabe sãl, shabe Yalda ro jashn begiran, harf bezanan, bekhandan, hendune va anãr bokhoran va sher o dãstãne Farsi Hafez va Shahname bekhunan."

حافظ

ایلیا با هیجان فریاد زد:
"چه جالب، من می‌خوام با
خانوادم شب یلدا رو
جشن بگیرم."
Ilya bã hayajãn faryãd zad,
“Che jãleb, man mikhãm bã
khãnevãdam shab Yalda ro
jashn begiram.”

خانم انار و آقای هندوانه با هم گفتن: "ما هم خیلی هیجان‌زده‌ایم. بیا بریم به خانواده کمک کنیم تا برای شب یلدا آماده شن."
بعد ایلیا، خانم انار و آقای هندوانه همه به اتاق نشیمن رفتن.

Khãnume Anãr va ãghaye Hendune bã ham goftan, "Mã ham kheili hayajãn zadeim. Biã berim be khãnevãde komak konim tã barãye shab Yalda ãmãde shan."
Bad Ilya, khãnume Anãr, va ãghaye Hendune hame be otãghe neshiman raftan.

خانواده ایلیا منتظر بودن که ایلیا بیدار بشه تا بتونن شب یلدا رو
با هم جشن بگیرن.

Khãnevãde Ilya montazer budan ke Ilya bidãr she tã
betunan shab Yalda ro bã ham jashn begiran.

ایلیا بهشون لبخند زد و به دوروبرش نگاه کرد تا دوستان جدیدش رو به خانواده‌اش معرفی کنه. اما خانم انار و آقای هندوانه ناپدید شده بودن!

Ilya beheshun labkhand zad va be doro baresh negãh kard tã dustane jadidesh ro beheshun moarefi kone. Amã khãnume Anãr va ãghaye Hendune nãpadid shode budan!

ایلیا دنبالشون گشت و توی عکس شب یلدا
روی میز ناهار خوری پیداشون کرد. هر دو بهش
چشمک زدن و بین میوه‌های دیگه توی عکس
قایم شدن. ایلیا فهمید که آنها کارشونو
انجام دادن، بلند شد و رفت پیش خانواده تا
شب یلدا رو با هم جشن بگیرن.

Ilya donbãleshun gasht va tuye akse shab Yalda ruye miz nahãr khori peidãshun kard. Har do behesh cheshmak zadan va beine mivehãye dige tuye aks penhãn shodan. Ilya fahmid ke unhã kareshun ro anjãm dadan, boland shod va raft pishe khãnevãde tã shab Yalda ro bã ham jashn begiran.

SHAHNAMEH

ENGLISH VERSION

ILYA AND YALDA

Ilya suddenly woke up one afternoon during his nap by some strange sounds in his room!

He opened his eyes, pulled his blanket aside very slowly and saw two strange beings talking to each other.

He got scared and hid under his blanket so that they wouldn't see him.

After a few minutes, he slowly pulled the blanket aside to see what was going on.

There was a pomegranate and a watermelon walking around his room!

Ilya listened carefully to see what they were saying. The watermelon said, "We need to wake him up, it's an exciting night!"

The pomegranate also said excitedly."Yes, he will be happy to know what we're celebrating tonight!"

They seemed friendly and happy. Now that Ilya knew they were not dangerous, he was curious to know what they were talking about.

He got up and said, "Hi, who are you? What are you doing here?"

The pomegranate answered first, "Hi Ilya, I'm Ms. Pomegranate and this is Mr. Watermelon. We are your new friends. We want to tell you about Yalda Night."

Mr. Watermelon took out a map of the solar system and said, "Look here. This is our little planet, Earth, and this is our big sun."

"Every year on the 30th of the month of Azar or around December 21, half of Earth moves far away from the sun. So, less sunlight reaches Earth, the day gets a bit shorter, and the night gets a bit longer than other days and nights during the year." Said Ms. Pomegranate as she was pointing at the map.

"And that's when we celebrate the longest night of the year, winter solstice or YALDA NIGHT! Iranian families gather together to celebrate, talk, laugh, eat watermelon, pomegranate, nuts, and read Persian poetry and story books like Hafez and Shahnameh until well after midnight," both Ms. Pomegranate and Mr. Watermelon eagerly said.

"Yalda Night sounds like so much fun. I can't wait to celebrate it with my family," Ilya shouted.

"We're so excited too. Let's go help the family prepare for tonight." Said both Ms. Pomegranate and Mr. Watermelon together at the same time.

Then Ilya, Ms. Pomegranate and Mr. Watermelon all went into the living room. Ilya's family were all waiting for him to wake up so that they could start celebrating Yalda night together. Ilya smiled at them and looked around to introduce his new friends to his family. But Ms. Pomegranate and Mr. Watermelon had disappeared!

Ilya looked around and found them in the picture of Yalda Night on the dining table. They both winked at him and hid with the other fruits in the photo. Ilya knew that they had done their job. He joined the rest of his family to celebrate Yalda Night together.

Ilya kochulu dar donyaye vagheyi farzande baradare Nooshan Ashtari (doktor zaban shenas va ostade daneshgah) va Behnoosh Ashtari (mohandese memari va tarahe digital) mibashe. Hadafe seri dastanhaye Majarahaye Ilya-Yekta va Iran ashna kardane bachehaye Irani kharej az keshvar ba zaban o farhange Iranist. Barkhi az tasavire in ketab ba estefade az asare honari tolid shode tavasote hushe masnui khalgh shodand, In tarkib fanavari va dastan guyi be ma komak mikonad ta tajrobe basari jaleb tari dashte bashim.

ایلیا کوچولو در دنیای واقعی فرزند برادر نوشان اشتری (دکتر زبان شناس و استاد دانشگاه) و بهنوش اشتری (مهندس معماری و طراح دیجیتال) می باشه. هدف سری داستان های ماجراهای ایلیا-یکتا و ایران آشنا کردن بچه های ایرانی خارج از کشور با زبان و فرهنگ ایرانیست. برخی از تصاویر این کتاب با استفاده از آثار هنری تولید شده توسط هوش مصنوعی خلق شده‌اند . این ترکیب فناوری و داستان‌گویی به ما کمک می‌کند تا تجربه بصری جالب‌تری داشته باشیم. کتاب های دیگر این مجموعه «ایلیا و الفبا» و «ایلیا و نوروز» خواهند بود.

Ketab ghabli in majmue "Majarahaye Ilya va Iran" mibashad. Ketab e "Yekta va Yalda" niz ghahreman e dokhtar e in seri dastan mibashad.
Baraye tahiye in ketabha mitavanid be tarnamaye Sherkat Ketab www.ketab.com moraje'e farmaed.

کتاب قبلی این مجموعه «ماجراهای ایلیا و ایران» می باشد. کتاب «یکتا و یلدا» نیز قهرمان دختر این سری داستان می باشد. برای تهیه این کتاب ها می توانید به تارنمای شرکت کتاب به آدرس www.ketab.com مراجعه فرمایید.

www.ingramcontent.com/pod-product-compliance
Lightning Source LLC
LaVergne TN
LVHW071725230826
846093LV00024B/533

* 9 7 8 1 5 9 5 8 4 8 4 6 8 *